La maîtresse a peur de l'école

22, rue Huyghens, 75014 Paris
www.albin-michel.fr

Claire Castillon
Illustré par Églantine Ceulemans

La maîtresse a peur de l'école

Albin Michel Jeunesse

1

Cette nuit, Patafix a refusé d'adhérer aux murs jaunis de la classe de CM1. « Je ne collerai pas sur un support aussi moche ! » a lancé la petite boule, grise et revêche. Mlle Bureau, la jeune institutrice de 24 ans, est paniquée à l'idée de sa première rentrée scolaire. Mais, pleine de bonne volonté, elle a voulu prendre de l'avance et fixer son affiche du corps humain sur le mur de sa classe avant le début des cours.

Sauf que Patafix a choisi de jouer au fantôme et de s'enfoncer dans le mur. Puis c'est le corps humain qui est sorti de l'affiche, avant de tomber au sol. Il a aussitôt glissé entre les lattes du plancher, pour atterrir dans la classe du dessous, sur la table de séchage des travaux de peinture.

Chapitre 1

L'instituteur des CE2, M. Rajaonarimampianina, Soja de son prénom, est monté sur une chaise pour donner des coups de règle au plafond. Il a hurlé, aidé par ses élèves : « Vous avez saccagé nos dessins avec votre corps humain, nous exigeons réparation ! Bouh ! bouh ! Mlle Bureau est nulle ! La nouvelle maîtresse des CM1 est pourrrrriiiiiieeeee ! »

Les élèves de CM1 se sont alors ligués à leur tour contre leur institutrice. Les uns pointant leurs compas comme des épées, les autres en organisant des manifestations anti-elle. Ils l'ont encerclée par vagues, augmentant progressivement le volume de leurs protestations, jusqu'à l'engloutir. Mlle Bureau a bien tenté de crier, mais Patafix a refait surface pour sauter dans son gosier et l'obstruer. Aussi, la jeune institutrice, au lieu d'une réprimande, a-t-elle émis une sorte de rot grinçant qui a fait mourir de rire tous ses élèves. Certains, trop hilares pour continuer à respirer, sont carrément tombés dans les pommes.

Heureusement, tout cela n'est qu'un mauvais rêve. Mlle Bureau se réveille en sursaut dans le train qui rentre de chez ses parents. Plus précisément de Neuf-les-Vieux, car c'est là qu'habitent Mamette et Papo. La maîtresse s'est endormie, physiquement fatiguée par le déjeuner trop calorique du midi et moralement épuisée par son appréhension de la rentrée.

Ô douleur ! Ô peur ! Ô joie ! Ô stress ! Ô panique ! L'ouverture de la grille aura lieu demain matin – lundi, à 8 h 20 –, et Mlle Bureau débutera en tant qu'institutrice à l'école élémentaire de Boussac-Pontinian.

Chapitre 1

Vendredi, le jour de la prérentrée, Mlle Bureau avait rencontré ses futurs collègues. D'après M. Rajaonarimampianina, la classe de CM1 dont elle aura la responsabilité est énergique et adorable, et elle peut se réjouir de son premier poste. L'instituteur, en précisant que son nom de famille n'était pas des plus faciles à retenir, lui a d'emblée proposé de l'appeler par son prénom :

– Moi, c'est Soja.

En retour, elle a été obligée de répondre à sa question, qu'elle avait pourtant feint d'ignorer à plusieurs reprises :

– Et vous, comment vous appelez-vous ?

– Mlle Bureau.

– Oui, mais votre prénom...

Sans articuler et le plus vite possible pour que Soja ait l'impression que tout était normal, que ce n'était pas un prénom complètement ridicule, elle a lancé :

– Claude-Yollande.

– Enchanté, Cloyande.

Ensuite, les instituteurs ont visité l'école, tous ensemble, guidés par la directrice, Mme Lajeunesse, dont Claude-Yollande a tout de suite pensé qu'elle la regardait de travers. Ceux déjà en poste l'année passée ont fait semblant de redécouvrir les lieux. La directrice marchait devant, tantôt en riant fort, tantôt en affichant un air sévère comme la mère de Claude-Yollande lorsque sa fille refuse de reprendre de la brandade de morue. Claude-Yollande a tant bien que mal réussi à suivre le rythme, ou plutôt l'algorithme blague-refroidissement de la directrice. Au contraire de Mme Desquerre, la nouvelle maîtresse des CP, qui a explosé de rire chaque fois que c'était sérieux. Mlle Plouguénec, pour sa part, n'a jamais ri, comme ça elle était sûre de ne pas froisser la directrice.

Claude-Yollande connaît cette technique. Son truc à elle, c'est de sourire en continu pour donner l'impression que tout va bien, alors que, dans sa tête, elle est bloquée sur un problème dense et compliqué.

Ça fait maintenant quatre ans que Claude-Yollande n'arrive pas à dire à ses parents qu'elle ne veut plus passer ses week-ends à Neuf-les-Vieux. Même si Papo est gentil et qu'il essaie toujours de l'aider... Ainsi, tandis qu'il la raccompagnait à la gare en tandem et que Cloyande, à l'arrière, essayait de ne pas avaler les longs cheveux de son père – qu'il n'a plus coupés depuis ses trente ans et qu'il aime laisser voler au vent –, il lui a donné une astuce pour retenir les vingt-trois prénoms

de ses vingt-trois futurs petits élèves. « Fais une phrase pour chaque enfant, Claudyo. Une phrase qui rime ! Tu vas voir, ça va rentrer tout seul. »

Ça n'a pas fonctionné. Vingt-trois prénoms à apprendre sur une feuille de papier ? Vingt-trois

Chapitre 1

prénoms à associer à des visages sur des photos miniatures ? Mamette, dans son éternelle blouse d'école bleu ciel boutonnée sur le côté, le chignon maintenu au sommet du crâne par un emballage de camembert Le Rustique rouge et blanc posé en filet, lui a reproché de ne pas s'être assez avancée. Sauf que Mme Lajeunesse lui a envoyé la liste des élèves par mail seulement quelques heures auparavant. Sans doute un très vilain bizutage, une première épreuve à passer pour être convenablement jugée par la directrice. Vingt-trois prénoms à apprendre pour le lendemain, donc, mais comment ?

De plus, la liste comporte des prénoms terriblement bizarres. Clutène. Franchement ! Claude-Yollande a demandé à Mamette si elle avait connu beaucoup de Clutène dans ses classes, du temps où elle était elle-même institutrice.

Celle-ci lui a répondu que ça devait être une erreur informatique ou bien qu'elle lisait de travers. Et comme Claude-Yollande prend au sérieux tout ce que dit sa mère, il lui est venu à l'idée qu'elle lisait peut-être à l'envers depuis toujours ! Et si elle avait lu de travers le panneau des admissions au grand concours de professeur des écoles, en confondant « admise » et « recalée » ?

Son père l'a calmée avec une truffe cacao-mystère : c'est ainsi qu'il appelle les chocolats qu'il fabrique en secret, avec des ingrédients dégueus, comme des œufs de lump, du petit-suisse ou du poivre. Mais comme Claude-Yollande ne veut pas blesser Papo, elle en reprend. Et quand vraiment elle n'en peut plus, elle parle beaucoup et très

vite afin d'empêcher son père de lui en proposer encore.

– J'ai aussi une Muéli parmi mes élèves, a insisté Claude-Yollande.

Alors, sa mère lui a conseillé de changer de lunettes, lui trouvant soudain les yeux qui pendaient. Et ça a fait rire Papo.

– Allez, Claudyo, reprends une truffe cacao-mystère et dis-moi ce qu'il y a dedans !

Claude-Yollande a pouffé en mâchant, mais elle a tout de suite expliqué qu'elle pouffait à cause d'une blague et pas du tout par rejet du chocolat dégoûtant. Mamette a dit :

– Ah bon… Et depuis quand des gens te racontent des blagues ?

Et Papo a demandé :

– Alors, elle est à quoi, cette truffe-mystère ?

– Poulet ? a marmonné Claude-Yollande.

– Presque. Canard.

De retour chez elle à la fin du week-end, Claude-Yollande continue de cogiter. Et ses élèves ? Au bout de combien de temps vont-ils appeler au secours ? Trouveront-ils que leur institutrice a les yeux qui pendent ? Que penseront-ils lorsqu'ils apprendront qu'elle s'appelle Claude-Yollande ? Peut-être qu'ils riront seulement quand elle se retournera face au tableau et qu'ils verront ses grosses fesses ? La pauvre a calculé qu'en se débrouillant elle pourrait rester tournée face à ses élèves au moins la première journée, ou bien assise derrière le bureau, en partie cachée.

Le tableau, lui, sauf dans ses rêves, ne se moque jamais d'elle quand elle lui tourne le dos.

Chapitre 1

Demain matin donc, à 8 h 20, Claude-Yollande va découvrir pour de vrai les vingt-trois visages de sa classe de CM1. Elle prévoit de sourire, bouche fermée à cause de sa dent qui dépasse, et de lancer « Bonjour, les enfants ! » à la cantonade pendant qu'ils écrivent leurs prénoms sur des feuilles pliées en deux qu'ils poseront sur leur table. Mais oui, elle est là, la solution ! Et elle vient de la trouver, seule, en s'installant devant son feuilleton du dimanche soir. Ouf. À présent, elle est certaine qu'elle a été reçue à son examen. Elle fera une excellente institutrice.

Sauf, évidemment, si Patafix s'en mêle…

2

Devant l'école, avant l'ouverture de la grille, les enfants de CM1 ont deux idées en tête. D'une part, se raconter qu'ils ont passé des super vacances même si elles étaient pourries (c'est le cas d'Hugues-Aubain avec son béret à pompon rouge : il déteste l'eau, mais il a fait trois semaines de stage d'Optimist sous la pluie, parce que son père veut faire de lui un navigateur). D'autre part, essayer de trouver le prénom de leur nouvelle maîtresse.

– Il y a marqué C.-Y. Bureau au-dessus de notre liste de fournitures, commente Anne-Benta, dont la mère, habillée comme Miss Monde, prend le trottoir pour un podium. À mon avis, c'est Camille-Yvonne.

– Non, croyez-moi, c'est Charlotte-Ysé, répond Hugues-Aubain, qui se considère, à juste titre, comme le spécialiste des prénoms composés.

– Moi, *che* pense que *chè* Chélia-Ylona, baragouine Maëlla, qui a décidé, un peu avant les vacances, de parler comme si elle avait déjà son appareil dentaire.

– Allez, ma jolie petite princesse, crie le père de Cléo depuis la voiture, va vite à la grille, ils viennent d'ouvrir !

Et les autres rigolent, en répétant : « Allez, jolie petite princesse ! » Sauf Maëlla qui répète : « Allez, *cholie* petite *princhèche* ! » Et Cléo hausse les épaules, ce qui prouve que rien n'a changé pendant l'été. La *princhèche* se dandine toujours

comme si elle portait des talons, les ignorant car elle préfère la bande des autres : Ondina, Kani, Clément et Noémie.

Élias et son gilet à écusson long comme une cape de sorcier, Anne-Benta et ses bretelles de sac à dos tellement serrées qu'il lui remonte sur le cou comme une minerve, Hugues-Aubain, Maëlla et Cléo entrent dans la cour. C'est alors que la directrice donne un coup de coude dans les côtes de Claude-Yollande en lui disant :

– Voici vos petits élèves. Ceux-là, tout là-bas, regardez le petit groupe, ils sont à vous !

Instantanément, Mlle Bureau panique. Pas parce qu'ils sont plus nombreux qu'elle. Ça, elle s'y attendait. Mais parce qu'elle a un trou de mémoire. La panique lui cause souvent des effets secondaires. Et elle se demande tout simplement si elle a pensé à enfiler sa jupe.

Chapitre 2

Elle se rappelle très bien le moment où son réveil a sonné, puisque dans son rêve, pile à ce moment-là, la plage sur laquelle elle cueillait des craies a été ensevelie par une pluie d'éponges. Sortie de son lit, elle se souvient aussi du percolateur qui a fui et l'a éclaboussée de café, ainsi que du torchon de Noël – celui avec les rennes et les chaussettes – qu'elle a attrapé pour nettoyer son chemisier, tout en priant que les taches partent au lavage. Elle se souvient du dentifrice qui a sauté sur le miroir de la salle de bains, du lave-linge qui n'a pas voulu libérer le linge et dont elle a décoincé le tambour en faisant un appel d'air avec un cintre – technique au départ très compliquée, puis très facile une fois qu'on a l'habitude. Elle se rappelle aussi que son voisin écoutait une chanson romantique à la radio, qu'elle a trébuché dans l'escalier, qu'elle a ri toute seule à l'idée de se casser une jambe le jour de la rentrée. Elle se souvient du trajet dans un bus vide. À tel point qu'elle s'est demandé s'il y avait bien un chauffeur au volant. Et de sa réflexion pour elle-même à propos de l'horaire un poil trop matinal quand elle est arrivée devant la grille de l'école à 6 h 34 du matin. Mais elle ne se souvient absolument pas d'avoir enfilé sa jupe. Ce qui signifie qu'elle gesticule peut-être actuellement en culotte et en chemisier, au centre de la cour.

S'imaginant ainsi, elle lève les yeux au ciel, parce qu'elle préfère encore ne pas savoir. Elle se sent beaucoup plus sereine dans cet état de doute. Si elle regarde vers le bas et constate qu'elle a les cuisses à l'air, soit elle s'évanouit, soit elle meurt. En tout cas, pour l'instant, elle ne profite pas du tout de cette première journée qui concrétise pourtant le rêve de sa vie : devenir institutrice.

Chapitre 2

Mlle Bureau s'approche du groupe formé par ses vingt-trois élèves. Vingt-trois têtes curieuses, très curieuses, qui ne la lâchent pas du regard.

Ondina, première de la classe depuis la crèche, et même avant, la ramène encore au sujet des tablettes. Quand sa mère était enceinte et qu'elle regardait un écran, Ondina lui donnait trois coups dans le ventre pour que ça cesse, et sa mère rangeait immédiatement son téléphone. « Les tablettes, c'est nul, ça casse l'imaginaire et les relations entre les gens. Après, on n'a plus d'amis, et on grossit », répète Ondina à qui veut l'entendre. Elle est ce qu'on peut communément appeler une fayotte.

Comme pour confirmer sa réputation, Ondina s'approche de Mlle Bureau pour la saluer un peu avant les autres. Cette dernière, ayant ce souci de jupe (auquel s'ajoute maintenant un souci de culotte : mon Dieu, et si elle portait justement la trouée ?), n'arrive pas à s'intéresser à cette petite élève pourtant bien dressée.

– Bonjour, mademoiselle, bienvenue dans notre école. Je suis très heureuse de faire ma rentrée ce matin. Les cours m'ont manqué durant l'été.

Chapitre 2

Je n'aime que les saisons laborieuses. Le soleil, c'est pour les feignants.

Évidemment, tous les élèves arrivés derrière Ondina l'imitent, certains dans leur barbe et d'autres tout fort sans se gêner. D'autres encore préfèrent s'écarter du groupe pour débattre de cette maîtresse très bizarre, dont le menton est quand même levé très haut par rapport à la normale, et des mentons, et des maîtresses.

Au moment où la cloche retentit, Mlle Bureau se place devant l'entrée du réfectoire, comme le lui a indiqué la directrice dans son briefing, à l'époque où elle pensait encore porter une jupe. Les élèves accourent, sauf Marie, la passionnée d'équitation western, qui, comme d'habitude, met du temps à descendre de son cheval imaginaire avec lequel elle passe chaque récréation.

Le menton de Mlle Bureau est à présent pointé vers le ciel, ce qui signifie qu'elle voit ses élèves en plaçant ses pupilles en bas de ses yeux. Elle fait face à un nouvel obstacle: monter l'escalier devant son rang. Puisque dans son briefing Mme Lajeunesse a bien stipulé que le maître ou la maîtresse doit marcher devant. Mais si elle, Claude-Yollande, n'a pas de culotte, enfin pas de jupe et une culotte trouée, mieux vaut qu'elle se tienne derrière, et tant pis si la directrice trouve quelque chose à redire. «J'ai tout de même le droit de choisir ma méthode d'encadrement!» pense la jeune institutrice. Elle fermera donc la marche, et pourra ainsi reposer ses yeux déjà épuisés d'avoir à se tenir au bas de leur orbite, le temps de deux étages.

Chapitre 2

M. Rajaonarimampianina et sa classe de CE2 montent juste derrière elle. Quand elle s'en aperçoit, elle ne peut s'empêcher de penser que Soja, le Soja qui l'a si gentiment accueillie à l'école, doit avoir le nez pile au niveau de sa culotte. Morte de honte, elle décide de ne pas se retourner pour lui dire bonjour. Il répète alors dans le vide et sur trois tons différents :

– Bonjour, Cloyande. Bonjour, Cloyande ! Bonjour, Cloyande ?

3

Deux mots magnifiques sont écrits sur le tableau. Le premier commence par deux jolis ponts, et le second par deux ventres de femmes enceintes qu'on empilerait, de profil, l'un au-dessus de l'autre : le M de « Mademoiselle » et le B de « Bureau ». La jeune institutrice a adoré appeler un élève au tableau – le premier de sa carrière ! – pour écrire son nom. Le nom de la maîtresse ! Ondina s'est aussitôt dévouée, criant : « Moi ! moi ! je vous en prie ! » Mlle Bureau a donc eu la satisfaction de pouvoir rester de face, assise derrière son bureau. Comme ça, plus d'histoire de grosses fesses ou de jupe : oui, on est tous semblables avec un bureau sur les genoux.

Elle a enfin pu baisser son menton et regarder ses vingt-trois adorables élèves au fond des yeux avant de faire l'appel. Ce moment tant attendu où chaque prénom lancé donne lieu à un « Présent ! » ou « Présente ! ». Contrairement au passage en revue de la liste des fournitures, qui présente ce jour beaucoup d'absences. Aucun parent n'a en effet compris ce qui était demandé sous l'appellation « classeur type bois à trois anneaux, à couverture souple élastiquable » ou « crayon-stylo sans plume mais à réserve d'encre effaçable ».

Quand les écriteaux avec les prénoms sont prêts, Mlle Bureau propose à chacun de se présenter. Ondina souhaite encore parler la première, et ça donne :

–Je m'appelle Ondina, j'ai 9 ans, je suis très en avance intellectuellement car je ne possède pas de tablette. Je suis première de la classe. J'aime les épinards et me coucher tôt. Quand j'ai besoin de me divertir, je chante. Très bien, paraît-il.

Évidemment, toute la classe pouffe, et Mlle Bureau hoche la tête, gardant pour plus tard une petite réflexion sur l'importance de la modestie. Elle interroge ensuite Élias, trop heureux de raconter :

– Moi, je suis Élias, mais en vrai je suis Harry Potter. Je le sens depuis toujours, et donc je vis à Poudlard. Par exemple, ici à l'école, je me sens à Poudlard. Chez moi, c'est Poudlard ; dans ma chambre, c'est Poudlard ; dans mon frigo, c'est Poudlard. Cléo, c'est Hermione dans ma tête, et ce qui me passionne dans la vie, c'est le quidditch, la sorcellerie, le jaune et le rouge…

– Moi, ma passion, c'est les sacs à main ! l'interrompt Noémie. J'adore les sacs à main !

– On ne t'a pas demandé ta passion. Juste de te présenter, la coupe Ondina. Sinon, ça va être n'importe quoi !

Alors, Mlle Bureau saisit l'occasion de faire preuve de son autorité d'institutrice en recadrant une de ses élèves :

Chapitre 3

– Ondina, tu as très bien compris la question, mais ce n'est pas toi qui es chargée de maintenir l'ordre dans la classe, d'accord ?

Après quoi, angoissée à l'idée d'avoir été cassante, Mlle Bureau adresse un petit sourire complice à Ondina. Mais le visage de celle-ci se ferme, dents plantées dans les joues.

– Et toi, Hugues-Aubain ? Veux-tu te présenter ? demande l'institutrice au garçon roux aux lunettes carrées et au pull orange à motifs de lunettes carrées.

– Ben moi, je suis Hugues-Aubain, j'aime pas l'eau et mon père veut que je devienne navigateur, donc on fait du bateau tous les week-ends et pendant les vacances. Et le mercredi, j'ai piscine. Mon rêve à moi, c'est de devenir agriculteur pour planter des choses dans la terre, que ça pousse et qu'ensuite on les mange.

Sinon, ma grand-mère s'appelle Odette, mais je l'appelle Mamidette.

– Et toi, Lazare ?

– Moi quoi ? répond Lazare, dont la frange descend jusqu'au menton.

– Tu te présentes, s'il te plaît ? poursuit Mlle Bureau, juste avant de s'interroger sur cette voix un peu tartignolle avec laquelle elle vient de s'exprimer.

« Mes élèves ne sont pas des imbéciles. Enfin a priori... Je ne dois plus jamais m'adresser à eux de cette façon ! » se promet-elle, au lieu d'écouter la réponse de Lazare. Celui-ci est d'ailleurs très étonné de l'absence de réaction de sa nouvelle maîtresse, puisqu'il vient de dire : « Je m'appelle Lazare, mais je vous répondrai pas. »

Il faut préciser que Lazare, qui ne manque pas d'humour, était dernier de la classe en CE2 et qu'il ne compte pas s'améliorer. Il est passé en

Chapitre 3

CM1 pour que M. Rajaonarimampianina puisse se reposer. Il refuse d'apprendre, parce qu'il considère que ce qu'il sait déjà suffit. D'après l'instituteur, c'est un problème pour les autres, car la classe pouffe chaque fois qu'il ouvre la bouche. L'année dernière, Lazare a été dans le bureau de la directrice 28 fois. Il a été privé de demi-récré (parce qu'on n'a pas le droit de priver de récré complète) 161 fois, il n'a pas fait ses lignes 77 fois, il a dit le gros mot qui commence par « M » 29 fois, et celui qui commence par « Pu » 112 fois. Ses parents ont été convoqués 6 fois. Et Lazare écrit toujours son nom comme ça : « L'Hasard ».

Ensuite, Mlle Bureau réalise un autre de ses rêves. Elle prononce cette phrase :

– Sortez votre cahier rouge, les enfants, et écrivez, sur la première page, en une dizaine de lignes, le récit de vos vacances.

Elle regarde alors les petits esprits se mettre à bouillir, les poignets se tordre au bout des crayons, et elle pense : « Rooo, c'est trop mignon. » Pendant que les enfants écrivent, elle consulte l'horloge et calcule qu'il va lui falloir régler cette histoire de jupe avant la récréation de 10 heures. Soit le moment fatidique où elle ne pourra plus éviter de se lever.

4

La classe est descendue dans la cour avec dix minutes de retard pour la récréation, parce que Anne-Benta a pleuré à 9 h 59 et 12 secondes.

«Je ne me suis pas présentéééééeeee! Pourquoi je ne me suis pas présentée? Pourquoi c'est jamais moi qui me présente en premier? C'est pas juuuuuuste!» a-t-elle hoqueté, tandis que Mlle Bureau demandait à ses élèves de mettre un point final à leur récit de vacances. Elle avait prévu de leur faire lire à voix haute après la récréation. Bouleversée par cette petite élève en larmes

– la première de sa carrière ! –, Claude-Yollande s'est levée, mettant de côté son histoire de jupe ou de non-jupe, et culotte trouée ou pas. À ce moment précis, elle se fichait totalement de ce à quoi elle ressemblait. Elle a marché d'un pas assuré vers Anne-Benta. Tout le monde a éclaté de rire, mais elle n'a pas cherché à savoir pourquoi. Une mouche sur une vitre, sans doute. Elle s'est arrêtée devant le bureau de la petite fille, gravé « ZUTE » l'an passé par le compas d'Aristide – un CM2 que la directrice a déjà puni en le privant de récré ce matin, parce qu'il faisait des croche-pattes aux CP. Puis Mlle Bureau a essuyé d'un revers de doigt la larme qui roulait sur la joue rose de son élève. Elle lui a dit :

– Anne-*Bento,* excuse-moi, bien sûr, tu as raison, c'est une erreur, c'est à toi ! À toi de te présenter ! Nous t'écoutons, Anne-*Bento.* »

Chapitre 4

–Je m'appelle Anne-Benta ! Pas Anne-*Bento* ! C'est pas dur à retenir ! Anne-Benta !

La maîtresse s'est excusée pour son erreur, avant de pousser Anne-Benta à s'exprimer rapidement, à cause des aiguilles qui tournaient et du temps de récréation qui diminuait. Mais Anne-Benta pleurant trop pour parler, il a fallu attendre qu'elle se calme, puis la faire répéter plusieurs fois, en remettant les mots dans l'ordre. Les autres élèves étaient très énervés contre elle. Il faut savoir qu'elle avait pleuré pendant tout le CE2, et aussi le CE1, et le CP. Ils étaient d'accord pour qu'elle pleure, ils s'en fichaient même un peu, sauf quand il était l'heure d'aller en récré !

Les élèves jaillissent à présent dans la cour, et Mlle Bureau se dit : « C'est beau, on dirait du Coca secoué ! » Les jets d'enfants se ruent vers

leurs copains et se divisent en petites grappes. Au milieu des groupes formés, la maîtresse a tôt fait de repérer Aïcem, tout seul dans un coin. Il est en train de parler avec un bouleau – le seul et unique arbre de la cour. Essayant de se remémorer ce

Chapitre 4

qu'elle a appris durant ses études d'institutrice, Mlle Bureau décide de ne pas se jeter sur Aïcem. De lui laisser le temps de se faire quelques amis. De ne pas s'inquiéter, ni de lui lancer un fâcheux « Pourquoi t'es tout seul ? ».

Elle est soudain saisie intérieurement d'un rire nerveux. Dehors, rien ne se voit. Elle porte de nouveau le menton très haut, mais se sent tout de même un peu rassurée par le temps qu'il fait : frais pour un début de septembre. Si elle n'avait pas de jupe, c'est sûr, elle le sentirait. De l'autre côté de la cour, elle voit M. Rajaonarimampianina qui surveille ses élèves. Lui est descendu bien à l'heure. Mlle Bureau s'isole dans un coin pour sortir son téléphone. Elle lui ordonne par commande vocale de composer le numéro de sa mère, qu'elle a promis de tenir au courant. Ainsi, elle n'a pas à baisser son nez vers son écran, et donc vers sa jupe.

« Siri, appelle Maman », mais le volume de Siri est réglé très haut et l'assistante virtuelle répète : « Je n'ai pas compris, qui voulez-vous appeler ? » Claude-Yollande articule « Ma-man ». « Voulez-vous que j'appelle Maman ? » reprend Siri. « Oui », murmure l'institutrice pile au moment où le maître des CE2 lui tape sur l'épaule.

– Cloyande ? Tout va bien ? La rentrée se passe comme vous voulez ?

« Je répète ma question : voulez-vous appeler Maman ? » hurle Siri.

Chapitre 4

– Non, Siri, tais-toi, ordonne Mlle Bureau à son téléphone, toute gênée à l'idée que son collègue entende.

La jeune institutrice adresse un petit salut à M. Rajaonarimampianina, avant de s'excuser, invoquant une urgence, et de se lancer dans la rédaction d'un SMS : « Maman, je t'appelle à midi, je dois surveiller la récré, les enfants sont mignons, l'école est superbe, ma classe est chauffée. »

Soja, discret et gentleman, se recule afin de la laisser régler ses petites affaires, mais la directrice ne prend pas les mêmes précautions. Elle se plante devant Claude-Yollande pour lui reprocher d'être descendue en retard.

C'est terrible, Mme Lajeunesse lui rappelle sa mère !

– Suivez mon briefing ! Parce que vous comprenez, si vous n'êtes pas à l'heure, vous mettez les CM1 en retard. Vous ne pouvez pas les envoyer en récré à 11 heures. Souvenez-vous, on respecte les horaires de récréation, de cantine et de sortie. Sinon, c'est l'anarchie. Autrement, tout se passe bien ? Vous savez qu'il y a un vestiaire si vous avez besoin de vous changer ?

Se changer ? Pour quoi faire ? Mlle Bureau n'a pas le temps de répondre à la directrice : Aristide vient de faire un croche-pied à Ondina, qui pleure, étalée au sol. La maîtresse accourt, aide son élève à se relever, et prononce une phrase qu'elle croit magique mais qui reste sans effet :

– Ça va aller, ma grande.

Les enfants s'agglutinent pour voir s'il y a du sang.

Chapitre 4

– Il n'y a rien, ne manque pas de relever Hugues-Aubain, presque déçu.

Furieuse, Ondina lui répond :

– T'es dans mon genou peut-être ? Je souffre à l'intérieur !

Voyant que l'heure tourne aussi vite qu'Aïcem tout seul autour de son arbre, Mlle Bureau rassemble ses élèves. Tous pestent, parce que la récré a été beaucoup trop courte. Quand elle passe devant le banc des maîtres, Soja lui lance :

– Cloyande, on se voit au réfectoire ce midi ?

Elle le laisse lui aussi sans réponse, car elle reçoit, juste à cet instant, un SMS de sa mère qu'elle doit lire de toute urgence, comme tous les SMS que sa mère écrit en majuscules : « TON MESSAGE EST NUL, MA CHÉRIE, ESSAIE D'ÊTRE UN PEU PLUS INTÉRESSANTE DANS LE PROCHAIN. »

5

De retour dans la classe, Muéli et Clutène – qui sont les meilleures amies du monde, et pas seulement à cause de leur sororité de surnoms : « Muesli » et « Gluten » – tiennent à consoler Ondina, même si celle-ci n'a plus mal et n'a d'ailleurs jamais eu mal. Mlle Bureau constate avec beaucoup d'émotion que sa classe a de bons réflexes, une belle générosité, un grand fond d'humanité. C'est pourquoi lorsque Noémie lui lance : « Vous avez une jupe trop stylée, maîtresse ! » et que tous les autres pouffent,

Mlle Bureau sourit. Elle ne le prend absolument pas pour une vacherie, tellement elle est contente d'avoir enfin la preuve qu'elle porte une jupe ! N'est-ce pas toujours la vérité qui sort de la bouche des enfants ?

Clément, qui a écrit seulement deux lignes pour résumer ses vacances, avec trois mots par ligne, «*je m'essuit repausé / j'ai ben dormmi*», n'apprécie pas que Mlle Bureau commente le peu d'effort fourni pour sa rédaction. Il la met au défi de raconter à son tour son été. Elle se souvient alors avec nostalgie de M. Pastougrain, dont elle avait tant aimé les méthodes quand elle était elle-même élève. Ce maître de CM1 jouait parfois de la guitare debout sur les tables. Elle décide de l'imiter. Sans guitare, et sans monter sur la table, mais en allant dans le sens des élèves !

Chapitre 5

– Bien sûr, Clément, c'est une excellente idée, je vais vous raconter mes vacances… Il n'y a pas de raison !

Et elle se lance dans le récit lamentable de son été pourri. Elle a mis de la lavande en sachets, sa mère lui a appris à tricoter des doigts de gant et à faire des baumes de fenouil. Heureusement, elle a assisté à une démonstration d'échasses grâce à un cirque itinérant de passage dans le village où vivent ses parents, deux instituteurs à la retraite. Elle a mangé les truffes de son père, des chocolats qui ont tous des parfums très amusants, comme faisan-framboise, ou miel-lait d'huître. Les enfants rivalisent de « beurk », « berk » et « dégueu », et Mlle Bureau rétablit le silence d'un petit mouvement de son bâton de pluie. Elle constate avec joie que sa méthode douce donne le sourire à tous. Même à Anne-Benta, qui commence le récit de ses propres vacances.

– Eh ben moi, avec ma mère, on a fabriqué des bracelets en coquillages et des...

Mais les autres élèves explosent de rire, parce qu'ils savent tous que la mère d'Anne-Benta est allergique aux coquillages. Un jour de CE2, elle a fait une indigestion de bulots et elle l'a raconté à la sortie de l'école à tous les parents. Oui, tous les parents aiment bien parler sur le trottoir. Depuis, surtout quand elle arrive en minijupe, casquette et chaussures fluo, ils l'appellent Mme Bulot. Et c'est nul, parce que le harcèlement, ça commence comme ça. Enfin passons. Tout le monde rigole au récit des vacances d'Anne-Benta, qui se remet à pleurer. Et, cette fois, même Mlle Bureau commence à être légèrement agacée.

Chapitre 5

C'est ensuite au tour de Kani de livrer son récit. Il fait honneur à sa légendaire réputation de mytho :

– C'était vraiment formidable, cet été, surtout quand papa a été attaqué par un requin. Nous aidions les pauvres sur une plage gelée, quand nous avons entendu un cri : c'était l'un de mes seize petits frères qui regardait au large, vers papa, qui surfait sur la gueule ouverte d'un requin de 17 mètres.

– N'importe quoi ! s'écrie Noémie.

– C'est que du mytho ! se plaint Marie.

Mlle Bureau demande le silence et remarque que chaque fois qu'elle se lève les enfants pouffent. Paniquée à l'idée que sa jupe soit restée sur sa chaise, elle va discrètement vérifier (sur la chaise, toujours pas sur elle), mais non, tout va bien. La chaise est intacte. Elle réexplique le sujet du devoir qui était de raconter ses vraies vacances et non d'inventer, mais elle signale que, pour cette fois, il est amusant de découvrir la personnalité et l'imagination de chacun. Ainsi, les mythos, comme on les appelle, ont juste un voile de fantaisie posé devant les yeux.

Elle annonce ensuite que le reste de cette journée de rentrée sera consacré à tester le niveau de la classe. Les tables de multiplication, les temps grammaticaux...

– On va s'amuser avec l'ardoise, dit-elle avec enthousiasme.

– J'ai pas mon ardoise ! s'écrie Noémie.

– Forcément, répond Ondina, elle ne rentrait pas dans ton petit sac à main !

Les rires fusent, mais Mlle Bureau trouve encore une fois la solution :

– Ceux qui n'ont pas d'ardoise écriront sur des feuilles !

Chapitre 5

La maîtresse a hâte de raconter à sa mère combien ses réflexes semblent déjà entraînés, comme il lui est simple de diriger sa classe, en chef d'orchestre respectant l'instrument qu'est chacun ! Elle qui appréhendait fois mille, elle qui tremblait devant de la Patafix, ça y est, elle assure !

C'est alors qu'on frappe à la porte. Le visage de M. Rajaonarimampianina apparaît dans la petite fenêtre vitrée en haut de la porte. Il tient

une boîte de craies à la main, qu'il secoue devant la vitre. Mlle Bureau le salue à son tour. Mais elle ne pense pas à ouvrir la porte ni à crier « Entrez », parce qu'elle vient de comprendre ce que bricolent Muéli et Clutène. Depuis tout à l'heure, tête contre tête, elles entortillent leurs mèches de cheveux et ont fini par créer un nœud commun. Aucune des deux n'ose le signaler : ça leur est déjà arrivé en CE2, et leurs parents les ont menacées de leur faire une coupe en brosse. La maîtresse a peur de braquer parents et élèves si elle résout le problème avec une paire de ciseaux. La voyant occupée, Soja pose la boîte de craies au sol et s'en va retrouver sa classe.

6

Tandis que Mlle Bureau conduit ses élèves au réfectoire, la directrice remarque Muéli et Clutène, toujours accrochées l'une à l'autre par la tête. Elle offre alors une réflexion à la jeune institutrice :

– Dites, Claude-Yollande, on évite le partage des poux ! Empêchez vos élèves de mélanger leurs cheveux ! Rappelez-vous le briefing !

Honteuse que son prénom ait été prononcé devant ses vingt-trois élèves, la maîtresse veut à tout prix détourner l'attention. Et pour cela, elle ne voit qu'une solution : faire le pitre.

– Oh, les enfants, qui a mélangé ses cheveux ? Élias et Aïcem ?

Les deux n'ont pas plus de cinq centimètres sur la tête, donc c'est hyper-hyper drôle et tout le monde rit. Sauf la directrice, que Claude-Yollande croyait déjà loin. Et sauf Maëlla, qui *churchure* à Cléo :

– Elle *chapelle* Claude-Yollande, la *maîtrèche* ? Est-*che* que *chai* bien entendu ?

Cléo demande ensuite à Hugues-Aubain s'il a entendu ce qu'il a entendu, et Hugues-Aubain pose la même question à Clément, qui, par chance, répond :

– J'en ai rien à faire.

Sa mauvaise humeur a le don de tout de suite mettre fin aux commérages. Après tout, Mlle Bureau a l'habitude d'encaisser les moqueries sur son prénom. Au réfectoire, elle compte

Chapitre 6

écrire à sa mère plusieurs SMS qu'elle rédige dans sa tête depuis la maternelle : « Franchement, encore une fois, merci pour mon prénom ridicule », ou bien « Je te déteste d'avoir fait de ma vie un enfer », ou bien « Je vais changer de prénom mercredi prochain et enfin m'appeler Lilas ».

Ah ! Lilas, le rêve de la vie de Claude-Yollande. Si seulement son prénom avait pu engendrer autre chose que le rire. Si seulement il avait pu évoquer une fleur ou une jolie couleur !

– Sympa, ta jupe ! s'esclaffe soudain Mlle Plouguénec, la maîtresse des CE1, dont la classe doit entrer au réfectoire en rang deux par deux avant les CM1.

Mlle Bureau lui répond d'un sourire enjoué, mais se demande pourquoi Mlle Plouguénec est prise d'hilarité. Oui, Mme Plouguénec, celle-là même dont le visage fermé, le jour de la prérentrée des maîtres, n'avait traduit qu'une froideur givrante. Claude-Yollande n'a pas besoin de regarder sa jupe pour se souvenir – enfin sa mémoire est revenue ! – que ce matin elle a enfilé la beige clair. Un joli modèle un peu classique qui n'a rien de particulièrement rigolo.

Aïcem n'a personne à son côté dans le rang, alors cette fois Mlle Bureau s'approche de lui.

– Avec une classe de vingt-trois, c'est compliqué de faire des paires ! lui lance-t-elle.

Chapitre 6

Il la regarde comme si des crapauds sortaient de sa bouche, elle qui s'attendait à un petit sourire soulagé. Aïcem, considérant que l'heure de la cantine n'est plus l'heure de la classe, détourne la tête pour bien signifier à la maîtresse qu'il ne veut pas avoir affaire à elle. Malgré tout, Mlle Bureau propose à Maëlla de le prendre à côté d'elle à table. Devant l'institutrice, la fillette répond :

– Oui, *maîtrêche, cheu* vais lui garder une *plache*.

Mais dès que la maîtresse a confié ses élèves aux animateurs et filé rejoindre ses collègues dans l'aquarium, Maëlla s'empresse de garder des places pour les autres : Cléo, Anne-Benta, Ondina, Marie, Muéli et Clutène. Sauf que trois d'entre elles se sont déjà installées à une autre table. Donc Maëlla décide de faire la tête parce qu'elle a gardé des places pour rien. Et Aïcem reste tout seul...

RÉFECTO
PROFXE

Chapitre 6

L'aquarium des maîtres est une salle vitrée, dans le réfectoire. Elle n'est accessible qu'au personnel éducatif. Les enseignants retirent leur plateau au self comme les enfants, puis vont s'enfermer dans cet endroit moins bruyant où ils ne risquent pas de recevoir des projectiles comme des choux de Bruxelles, pour ne citer qu'eux. Les maîtres sont chanceux: ils peuvent piocher autant de petits sachets de sel, de ketchup et de moutarde qu'ils le veulent dans le panier à condiments, contrairement aux élèves, condamnés à baver devant. La Santé publique française a décrété que les plats étaient déjà parfaitement assaisonnés pour les enfants, qu'importent les goûts individuels. De plus, les enseignants ont droit à du pain en illimité, quand les enfants n'ont droit qu'à un seul morceau, même le jour du poisson-viande-orange-avec-des-nerfs-et-des-arêtes que personne ne veut manger.

La maîtresse a peur de l'école

Mlle Bureau est fière d'être à la table des instituteurs et se rappelle son enfance, de l'autre côté de la vitre de l'aquarium. Elle rêvait alors de se retrouver un jour non pas spectatrice, mais poisson elle-même. Si possible pas orange et sans arêtes ! Elle le raconte à ses nouveaux collègues et parmi eux, c'est bien Soja qui pouffe le plus. Quand il ne pouffe pas, il la regarde bouche ouverte, comme un poisson-lune.

7

« Beau réfectoire, bon déjeuner, collègues sympas » a écrit Claude-Yollande à sa mère pendant sa pause. Et celle-ci n'a pas tardé à lui répondre : « MIEUX VAUT LIRE ÇA QUE D'ÊTRE AVEUGLE. » Mais être aveugle, là tout de suite, Claude-Yollande aimerait beaucoup, car Muéli et Clutène n'ont pas tellement avancé sur leur problème de nœud commun aux cheveux depuis qu'elles sont remontées en classe. Elles ont réussi à en démêler un bout, mais il en reste une touffe importante. Elles commencent même à se plaindre de douleurs au cou.

– Il faut faire comme avec les crinières des chevaux, conseille Marie.

– C'est-à-dire ? demande l'institutrice, qui tient vraiment à repousser au maximum le moment où il faudra couper cette mèche.

– Utiliser du démêlant pour crinière, et peigner d'abord le bas puis remonter vers la racine !

Coiffeuse-visagiste, pense Mlle Bureau, n'était-ce pas le second rêve de sa vie ? Enfant, elle possédait une tête à coiffer sur laquelle elle réalisait de superbes chignons qu'elle savait décorer de rubans, d'épingles et de perles... Mais sa vocation d'institutrice était finalement passée au premier plan et elle avait abandonné la coiffure.

Armée de patience, elle se soumet à l'épreuve : venir à bout de ce nœud et séparer ces deux têtes. Et la voilà dénouant aux doigts et avec une grande délicatesse le lien qui unit ses élèves. Il ne s'agit pas pour autant de ne rien faire durant cette séance de coiffage, et les révisions commencent. L'institutrice doit absolument évaluer le niveau de sa classe. Table de 2, de 3, de 4 et de 5. Sa mère lui dirait de commencer par la 6 – la plus difficile ! –, son père lui dirait de leur faire réciter les tables à l'envers et au chronomètre, mais elle garde le cap qui est le sien. De la patience et de la douceur ! Elle se rend compte que beaucoup de ses élèves confondent les multiplications et les additions. À la question 2 × 2, ils ont répondu 4, mais à 3 × 3, ils ont répondu 6, et à 4 × 4, 8, donc elle a cerné le problème. Et sa conclusion est que tout est normal : après deux mois de vacances, le cerveau scolaire a besoin de se remettre en marche. Puis c'est au tour du français : après une grimace fugace, les enfants se soumettent aux conjugaisons avec le sourire, surtout quand Mlle Bureau leur trouve des verbes rigolos comme « léviter » ou « se marrer ».

Mme Lajeunesse entre dans la classe au moment où la maîtresse demande à Aïcem de réciter le verbe « danser la gigue » à l'imparfait. Mais il conjugue « gigue » au lieu de « danser ». Ce qui donne un grand n'importe quoi :

– Je danser la giguais, tu danser la giguais...

– Eh bien ! Que vois-je là ? lance la directrice. C'est atelier coiffure ?

– Nous avions un petit nœud, explique Claude-Yollande, mais c'est du passé !

– Ça devrait surtout être de l'imparfait, râle la directrice.

Mais elle n'a pas le temps de réprimander Claude-Yollande. Elle est venue annoncer une nouvelle. La classe de CM1 doit accueillir Jessy, une stagiaire en formation pour devenir institutrice. Mlle Bureau est sous le choc. À présent que son histoire de jupe est quasi résolue, rien ne devait plus entamer sa joie en ce jour de rentrée. Mais si sa classe n'est plus complètement sa classe parce qu'elle doit la partager avec cette stagiaire, comment instaurer un lien évident, facile et direct avec ses élèves ?

Claude-Yollande étant tout sauf méchante, elle accueille Jessy avec gentillesse, tandis que la directrice explique :

– Elle devait faire son stage chez les CE1, mais il manque une chaise.

N'osant proposer de prêter une chaise aux CE1, par peur que Jessy se sente rejetée, Claude-Yollande remercie la directrice pour cette bonne nouvelle, et installe la stagiaire sur une petite chaise à côté d'elle. Ensuite, la révision des conjugaisons reprend. Clutène se lance avec « avoir un parti pris » :

– Je parti-prendre ai eu, tu parti-prendre as eu, il...

La maîtresse a peur de l'école

Jessy porte une superbe jupe rouge, un pull rouge et blanc à étoiles, et sa longue chevelure blonde rebondit sur ses fines épaules, tandis qu'elle balance à la ronde son sourire blanc fluorescent. Un murmure parcourt les élèves. Les uns s'extasient: « Waaaa, elle est trop belle », les autres: « Waaaaa, elle a l'air trop gentille », et les retardataires s'exclament: « Waaaaaaaaaa, on dirait Emma Watson ».

Mlle Bureau n'a jamais misé sur son physique, mais se sent chiffonnée que Jessy lui vole la vedette en ce premier jour de classe. Toutefois, comme elle a bon fond,

elle explique à ses élèves que la stagiaire va l'aider dans quelques tâches quotidiennes : essuyer le tableau, distribuer des feuilles, ramasser des devoirs, ranger des livres... Ce à quoi Jessy répond :

– Pardon, mais je ne suis pas là pour faire ce genre de choses. Je viens étudier un métier. Donc je ne rangerai pas la classe à votre place.

Mlle Bureau, ne sachant que répondre devant ses élèves et ne souhaitant pas perdre la face, décide de sourire. Elle ressent pourtant une profonde gêne quand Jessy fixe sa jupe. Ce qui la touche, c'est de voir Élias et Marie lui adresser un sourire compatissant. Elle a tout de suite envie d'écrire à sa mère « J'ai des élèves formidables », mais elle se retient. Elle ne supporterait pas, au moment où elle a besoin d'un petit coup de pouce, d'un encouragement, que sa mère lui réponde : « EH BIEN, TU NE LES MÉRITES PAS. »

8

Durant la récréation de l'après-midi, M. Rajaonarimampianina propose à sa collègue de CM1 d'organiser une chorale réunissant leurs deux classes. Claude-Yollande, disposée à parler à quiconque plutôt que d'avoir à supporter les silences et les soupirs de sa stagiaire qui lui bat froid, accepte avec grand plaisir, mettant de côté qu'elle chante comme une casserole. M. Rajaonarimampianina, les yeux balayant l'horizon, lui raconte alors les années de chorale qu'il a derrière lui. Mais Mlle Bureau n'arrive pas à se concentrer : elle est triste.

«Zuuuuuuutttttt!» hurle-t-elle en son for intérieur. On lui a déjà volé la vedette une fois dans sa vie: en classe de seconde, elle devait apparaître au premier rang d'une comédie musicale, et, au dernier moment, on lui avait finalement confié les cordons des rideaux du théâtre. «La prochaine fois que tu restes invisible, dis-le avant qu'on se dérange pour venir te regarder», lui avait d'ailleurs reproché sa mère. Et même si Claude-Yollande est d'un naturel discret, elle n'a aucune envie qu'on lui vole sa classe, et la joie de cette rentrée. Elle déteste cette stagiaire.

Alors que M. Rajaonarimampianina lui confie qu'ils ont toutes les chances d'obtenir la salle des fêtes de Boussac-Pontinian pour leur spectacle de chorale de fin d'année, Jessy éclate de rire:

– Vous voulez dire l'horrible pièce mal éclairée et peinte en jaune? C'est comme ça que vous comptez faire aimer les concerts à ces pauvres petits ? Mais faites-les rêver un peu ! C'est tout ce que vous avez à leur offrir, une salle des fêtes délabrée et triste comme un jour sans... Haribo ?

M. Rajaonarimampianina fronce les sourcils en reculant le front et Mlle Bureau, trouvant cette posture absolument adaptée, décide d'adopter la même : sauf qu'en fronçant les sourcils et en reculant le front, elle déclenche l'hilarité de sa stagiaire. Celle-ci s'excuse pour son fou rire, s'éloigne dans la cour et se lance dans une partie de foot avec Aïcem, Élias, Hugues-Aubain et Lazare.

M. Rajaonarimampianina murmure :

– Dites, Cloyande, elle est spéciale, votre stagiaire, non ? Vous devriez lui dire de ne pas jouer avec les élèves... On ne peut jouer qu'à la fin de l'année. Avant, on doit rester à notre place. Sourire parfois, oui, et même faire des blagues, mais jouer avec eux dans la cour n'est pas autorisé...

Mlle Bureau rougit. Elle ne sait absolument pas comment s'y prendre pour recadrer la stagiaire. Elle rougit d'autant plus qu'elle trouve que M. Rajaonarimampianina baisse souvent ses yeux vers l'avant de sa jupe et la regarde bizarrement. Claude-Yollande est sur le point de perdre ses moyens.

– Vous savez, monsieur Rajonapiatinana, j'ignorais tout de l'arrivée de cette stagiaire...

– Soja... Je vous en prie, appelez-moi Soja. Je vais vous dire ce qui s'est passé. Mlle Plouguénec l'a refusée ! Bien trop impertinente ! Du coup, Mme la directrice vous l'a confiée... Elle a senti que vous étiez plus...

– Plus ? demande Claude-Yollande.

Chapitre 8

– Plus… lui répond M. Rajaonarimampianina.

– Plus ?

– Plus… douce ? propose-t-il.

L'instituteur devient tout rouge et se met à tousser en frappant dans ses mains pour séparer deux élèves qui jouent à tire-pull. Pleine de courage, Claude-Yollande s'approche de Jessy, qui, assise par terre au centre d'une ronde d'enfants, hurle des gros mots.

– On se relève tout de suite, Jessy, la place de l'institutrice n'est pas au milieu des enfants. On leur fiche la paix durant la récré ! Ça fait partie de l'apprentissage de savoir ça. Et les gros mots sont interdits à l'école !

Quelle n'est pas la surprise de Mlle Bureau d'observer le soulagement de ses élèves :

– Super !

– Allez, on fait un chat-statue maintenant ?

– Elle est trop zarbie, la stagiaire, à vouloir faire la jeune !

M. Rajaonarimampianina adresse un clin d'œil à Claude-Yollande, qui comptabilise aussitôt les clins d'œil de sa vie. Elle n'en dénombre que cinq : le clin d'œil du pédiatre avant de lui faire une piqûre de rappel du tétanos quand elle avait 6 ans ; le clin d'œil de son père à son premier départ en colo ; le clin d'œil de son père pour qu'elle finisse sa truffe cacao-sève de pin ; le clin d'œil de son père pour qu'elle reprenne une truffe praliné-pavé de biche ; le clin d'œil de son père pour qu'elle emporte une boîte de truffes cacao-parmesan. Ce sixième clin d'œil est beaucoup plus plaisant à recevoir. Il s'agit d'un clin d'œil de connivence ! « J'ai un collègue », s'extasie Claude-Yollande intérieurement. Une main

Chapitre 8

s'abat alors sur son épaule, et elle pousse un cri en se retournant vers une sorte de Monsieur Muscles, aussi haut que large.

– Jean-Philippe, enchanté, je suis le prof de sport. On y go juste après la récré ? Je viens les chercher en classe ou tu me les descends au gymnase ?

– Je vous les descendrai avec grand plaisir, répond Claude-Yollande.

– C'est bien, ma grande. Allez, j'y go. D'agneau ! rigole Jean-Philippe en s'éloignant.

Marie, qui galope sur son cheval invisible, en descend pour venir demander à Mlle Bureau pourquoi il y a gym le jour de la rentrée. Ondina, malgré ses dents toujours enfoncées dans ses joues, répond à la place de son institutrice :

– Parce que la gymnastique est essentielle au bon fonctionnement de nos cellules corporelles et mentales. N'est-ce pas, maîtresse ?

Mais Jessy ne laisse pas à Mlle Bureau le temps de réagir. Elle dit :

– Il y a ce qu'on t'apprend et la vérité. Sors des clous, sors des rails ! Apprends à être différente ! Tu n'es ni une fée ni un mouton !

La directrice, qui arpente la cour à la recherche d'une attache parisienne égarée, a toujours une oreille qui traîne et ne laisse pas passer ce qu'elle vient d'entendre.

Chapitre 8

– Votre façon de penser est intéressante, Jessy, mais ici il faut savoir se plier à la règle ! Si vous voulez devenir une institutrice de confiance, vous ne vous moquez pas de vos collègues et vous vous rangez dans le rang. Votre originalité viendra de votre profondeur, pas de tous vos tralalas ! Et si ça ne vous plaît pas, la grille est grande ouverte !

En réalité, la grille est fermée. À cause de Vigipirate, à cause des voleurs d'enfants, mais aussi tout simplement pour que les élèves ne s'enfuient pas. Jessy, furieuse d'avoir été rabrouée par la directrice, pique un sprint jusqu'à ladite grille. Elle s'acharne dessus, comme une super-héroïne capable de l'arracher. Les enfants retiennent leur souffle ! Mais après deux minutes de vains efforts, et de grosses gouttes de sueur perlant à son front, la stagiaire, toute penaude, abandonne. La directrice, qui semble avoir pitié d'elle, décide de lui

ouvrir la porte latérale avec son gros trousseau de clefs, qui ressemblent aux clefs du paradis.

– Allez, la bise, on n'est pas fâchées, l'école, c'est toujours mieux quand on en sort, lui lance Jessy.

– Bon débarras, n'est-ce pas, Cloyande ? dit tout bas M. Rajaonarimampianina.

Mais là, ça lui fait tellement bizarre, que Soja lui chuchote quelque chose à l'oreille, que Claude-Yollande se dépêche de taper dans ses mains pour rassembler ses élèves.

9

Mlle Bureau annonce à ses élèves qu'ils vont avoir sport avec Jean-Philippe.

– Mais maîtresse, nous, on ne savait pas qu'on avait gym, on n'a pas nos baskets ! se lamente Ondina.

– Est-ce qu'on est obligés de bouger ? demande Clément. Moi, je veux pas bouger !

– Oh non, pas Jean-Philippe ! gémissent les enfants. Pourquoi c'est Jean-Philippe ? Il est méchant, Jean-Philippe !

La jeune institutrice tousse dans son poing afin de réclamer le silence, avant de reprendre :

La maîtresse a peur de l'école

– En rang deux par deux, les enfants, et on se dirige vers le gymnase... Ne vous inquiétez pas pour les chaussures de sport, aujourd'hui Jean-Philippe va seulement vous présenter ses méthodes de travail et vous exposer le programme de cette année.

Claude-Yollande se souvient de sa propre jeunesse et de Mme Neigellen, sa prof de gym, qui lui avait transmis la passion du cheval-d'arçons. C'est donc la première chose que la maîtresse raconte à son collègue Jean-Philippe. Mais celui-ci, au lieu de lui répondre, hurle, les mains en entonnoir devant la bouche :

Chapitre 9

Les enfants se remettent en rang deux par deux, à la hâte, ce qui laisse Mlle Bureau penser que Jean-Philippe est assez autoritaire. Sauf qu'il hurle de nouveau :

– J'ai dit en ligne, bande de nou-nouilles ! avant d'éclater de rire, de façon complètement inattendue.

Voyant que sa collègue est déconcertée, il lui explique sa méthode éducative.

– Je hurle – je plaisante. Comme ça, les élèves ne savent jamais sur quel pied danser et je conserve leur attention ! Allez, va t'asseoir sur le banc là-bas, ma grande, et regarde-moi faire !

Évidemment, les enfants pouffent en l'entendant appeler leur maîtresse « ma grande ». Cependant, ils sont assez vite forcés de s'arrêter, puisque Jean-Philippe commence l'appel :

– Et vous me répondez présent, OK, les nou-nouilles ?

– Prééééééennnnnnnt ! crient tous les enfants.

– Dans l'ordre ! hurle Jean-Philippe.

Il énumère les noms des élèves tandis que le regard de Claude-Yollande balaie le gymnase au rythme de ses souvenirs. Les tapis de sol… l'odeur des tapis de sol ! La corde à nœuds ! Les ballons de basket ! Et cette lumière crue et jaune à la fois, tellement caractéristique des salles de sport d'école. Sa vie se passera désormais là chaque lundi, de 15 h 20 à 16 h 20. Quelle joie de voir ses élèves depuis cette place de spectatrice ! D'autant qu'il est bientôt temps de consoler le deuxième gros chagrin de la journée : Maëlla vient de recevoir un coup de coude de Kani et se plaint de difficultés respiratoires.

– Tu me gères ça, ma grande ? lui hurle alors Jean-Philippe.

Kani refuse de s'excuser et même si la blessée pleure un « *Cheu chais* que tu l'as fait *echprès* », il s'en défend, prétextant qu'une masse sombre est apparue à sa gauche, certainement un espion, et qu'il a au contraire défendu Maëlla. Mlle Bureau lui demande de ne pas raconter de sornettes, mais Kani répond :

– C'est toujours pareil, personne me croit jamais !

– Évidemment, tu racontes que des *menchonches* ! se plaint Maëlla.

– Silence, les nou-nouilles ! hurle Jean-Philippe. Le sport, c'est une école de la vie, OK ? On se bat, mais on se réconcilie, OK ? On met une bonne ambiance d'équipe, OKÉÉÉÉÉ ? On fait tous partie de la même famille, OK ?

– OK ! répond poliment Mlle Bureau, tout en trouvant que Jean-Philippe y va peut-être un peu trop fort avec ses élèves.

Le professeur de gym explique à présent quel type de chaussures les enfants doivent apporter le lundi suivant. Des baskets à semelles blanches !

– Forcément blanche, la semelle ? demande Noémie, qui a déjà posé la question l'année dernière.

– Qui peut répondre à Noémie ? hurle Jean-Philippe.

– Tes chaussures à semelles roses vont faire des traces sur le linoléum ! explique Ondina. Or l'école ne peut pas se permettre de refaire le sol du gymnase chaque année... Elle préfère consacrer ses fonds aux sorties scolaires et aux fournitures...

Jean-Philippe complète en exposant tous les méfaits des semelles colorées et tout ce qui, à cause d'une négligence, pourrait saccager le gymnase. Un manteau mouillé non pendu au crochet peut se transformer en peau de banane et faire déraper quelqu'un. Une gourde mal rebouchée risque d'inonder les joints du carrelage du vestiaire et de le faire gondoler. Les enfants, bouche bée, écoutent avec attention ce récit d'apocalypse, comme s'ils l'entendaient pour la première fois. Sauf Kani, qui interrompt le professeur de sport pour dire le mensonge en cours de développement dans sa tête :

– Moi, un jour, quand j'étais petit, chez mes grands-parents, j'ai eu un gymnase dans ma chambre, et je portais des semelles colorées et il n'y a eu aucun problème.

Mais Jean-Philippe le reprend sans tarder :

– Prochaine fois que tu répliques, tu vas sur le banc, OK ? En gym, on réplique pas, on... ?

– S'impliiiiiiique ! répondent d'une seule voix les enfants, qui connaissent par cœur les questions de Jean-Philippe, celles qu'il leur a rabâchées toute l'année passée.

Claude-Yollande se dit que ces petits jeux d'automatisme question-réponse sont une bonne base de pédagogie. Elle compte en inventer elle aussi, afin de transformer le règlement en jeu.

– Quand on sort de la classe, le dernier éteint la… ? tente-t-elle en poussant sa voix.

Mais personne ne l'entend, parce que au même moment Jean-Philippe hurle beaucoup plus fort son cri de ralliement.

– On aime le dehors, on aime bâbord, on aime tribord, on aime le nord, et on aime… ? interroge-t-il.

– Le spoooort ! hurlent en retour les élèves.

Mlle Bureau est rassurée que la chorale ne soit pas encore pour tout de suite. Les pauvres sont tous en train de perdre leur voix. Néanmoins, elle se sent heureuse, à les contempler de loin, et se surprend à imaginer la vie de chaque enfant

chez lui. Hugues-Aubain se forçant à jouer au capitaine dans sa baignoire pour faire plaisir à son père, Ondina chantant les tables de multiplication à tue-tête, Noémie comptant et recomptant les sacs à main de sa collection, Élias jouant au quidditch sur le balai du ménage… Elle pense aussi à Mamette et Papo, qui guettent certainement son appel de fin de première journée, assis près du téléphone, pestant contre le chien qu'ils n'ont pas mais qui sent mauvais.

10

La gym, c'est fini. Le point sur les fournitures scolaires, c'est fait. Le programme, c'est dit. Il reste dix minutes avant la fin des cours. Mlle Bureau, de retour dans sa salle de classe, tient à laisser la parole aux élèves. Elle a évoqué ses attentes pour cette belle année : de la cohésion de groupe, de la gentillesse, de la bienveillance les uns envers les autres, une ambiance de travail qui favorise la créativité, de la persévérance, de la concentration, des récréations, de grandes parties de rire et beaucoup de poésie. À eux, maintenant, de lui confier leurs souhaits.

– Qu'on fête chaque anniversaire ! proposent Muéli et Clutène.

– Qu'on fasse une boum tous les vendredis ! suggère Anne-Benta.

– Qu'on étudie les rois de France, demande Ondina.

– Qu'on chante ! crie Noémie.

– Qu'on fasse un atelier poney ! ajoute Marie.

Devant tant de désirs différents, Mlle Bureau explique que certaines contraintes l'empêcheront de réaliser certains rêves. Elle a cependant bien compris l'envie générale de fête. C'est aussi le moment qu'elle choisit pour évoquer la chorale que M. Rajaonarimampianina et elle vont organiser. Les élèves réclament alors des chansons modernes de Hoshi ou d'Angèle, et pas des vieux trucs nuls. Mlle Bureau leur promet un choix varié de musiques qui ne les décevra pas.

Chapitre 10

Puis elle demande à chacun et chacune de ranger ses affaires et constate qu'Anne-Benta, en larmes, ne bouge pas. Noémie, sa voisine, penchée vers elle, lui demande ce qui ne va pas, sans obtenir de réponse. Et soudain, une plainte gigantesque s'élève de la gorge d'Anne-Benta :

– J'ai perdu ma petite gomme citron !

Immédiatement, les autres pouffent et se moquent d'Anne-Benta. Mlle Bureau, quant à elle, est très partagée. Elle a envie de s'extasier sur cette

petite élève trop mignonne, mais elle sait qu'en tant que maîtresse elle ne doit pas se laisser aller devant les enfants. Elle choisit donc de se modérer.

– Allez, ce n'est pas un drame, elle n'a pas dû s'envoler, ta gomme, et puis je rappelle à tous qu'on apporte à l'école seulement ce dont on a besoin : on garde les gadgets à la maison et ça évite les groooooos... ?

Ça y est, elle a pris le tic de Jean-Philippe. Elle répète :

– Et ça évite les CCCCroooooooos... ?

– Magnon ! crie Kani.

– Mais non, voyons, les gros chagrins ! dit Mlle Bureau, essuyant un nouveau bide.

Anne-Benta, fâchée que ses larmes fassent rire tout le monde, décide de cesser de pleurer pour toujours. Elle pense : « Et vous verrez, quand je ne pleurerai plus jamais, ça va vous manquer ! »

Chapitre 10

La sonnerie retentit et les enfants descendent. Mlle Bureau, derrière eux, clôt le rang sans se soucier ni de sa jupe ni de rien. Au moment de se planter devant la grille de l'école et de distribuer les enfants à leurs parents, elle se sent légère. Elle ressent même une grande fierté, persuadée que la douceur qu'elle affiche est celle que les parents rêvent de lire sur le visage d'une institutrice. Alors quelle n'est pas sa stupeur de les voir tous, ou presque, courbés sur leurs téléphones portables, profitant de leur dernière minute de liberté. Son sourire n'y fait rien. Certains parents, même, hèlent leur enfant sans lui jeter un regard. Ondina, au moment de rejoindre son père qui appuie déjà sur le bip de sa voiture, lance à son institutrice :

– Demain, vous aurez une autre belle jupe, j'en suis sûre !

ECOLE

Chapitre 10

Claude-Yollande est étonnée que cette élève lui parle de sa jupe. Elle pensait que ce problème était derrière elle. Son attention est alors attirée par la seule personne qui n'est pas au téléphone sur le trottoir.

Jessy, la stagiaire !

– Maîtresse, pourquoi elle est là, Jessy ? Vous allez la reprendre ? demande Lazare, dont la mère est en retard.

Lorsque Jessy entend cette question directe et désarmante, elle s'approche pour répondre à la place de Claude-Yollande :

– Non, les enfants, pas d'inquiétude, je ne suis pas revenue pour revenir ! Juste pour m'excuser auprès de votre institutrice... J'ai été nulle, ce sont mes parents qui veulent que je devienne instit', mais moi, je veux faire de la danse, alors je vais suivre mes rêves !

Devant un tel dénouement, la jeune maîtresse crie en son for intérieur : « Que c'est beau ! » Mais, calmement, sans laisser la moindre larme d'émotion envahir ses yeux en présence de ses élèves, elle dit à Jessy :

– Je suis très touchée de votre démarche et je vous souhaite plein de bonnes choses pour la suite.

Alors, Jessy fait de grands signes d'au revoir aux enfants et s'éloigne en dansant dans la rue.

– Farfelue, mais sympa finalement, pouffe M. Rajaonarimampianina, qui accompagne lui aussi ses élèves.

C'est au tour de la classe de CE2 de se déverser dans la rue. Mlle Bureau remonte vers son étage, quand elle entend la voix de l'instituteur derrière elle :

– Cloyande ! Cloyande ! On pourrait aller prendre un café ensemble ?

Chapitre 10

Ne sachant comment répondre, elle fait une nouvelle fois semblant de ne pas entendre, tout en souriant pour elle-même, avant de grimper l'escalier quatre à quatre. La vérité, c'est qu'il faut absolument qu'elle téléphone immédiatement à sa mère.

11

– Mais enfin, est-ce qu'au moins tu leur as donné du travail pour demain ? insiste Mamette.

– Non, voyons, répond Claude-Yollande, je ne veux pas les embêter le soir de la rentrée.

– T'as goûté mes cacao-sauce nuoc-mâm ? hurle Papo juste derrière. Et mes choco-vinaigrette ?

– Toi, tais-toi ! gronde Mamette. Fiche-nous la paix avec tes chocolats. On parle sérieusement, là ! Est-ce que tu te rends compte que Claudyo n'a même pas pensé à donner du travail à ses élèves ! Mais où sommes-nous ? Et ça se dit institutrice !

Même si Claude-Yollande est habituée aux piques de sa mère, celle-ci lui fait plus de mal que les autres. Un petit bravo de fin de journée lui aurait été droit au cœur. Mais comme elle sait que l'agressivité de sa mère ne lui est pas forcément adressée, et que de toute façon elle ne pourra pas la changer, elle lui lance juste une petite plaisanterie :

– Allez, arrête la retraite, reprends le travail, Mamette, tu vas nous redresser l'Éducation nationale !

– Nationale… ça rime avec cheval ! Et si je faisais des truffes au steak de cheval ? lance Papo.

Puis, comme d'habitude, la mère de Claude-Yollande, incapable de prononcer un au revoir ou mieux, d'envoyer quelques baisers, raccroche au nez de sa fille. La maîtresse renifle, mais pas de tristesse. Elle s'imprègne seulement de l'odeur de ses vingt-trois enfants, de sa classe, où, elle en est sûre, elle va passer une merveilleuse année. Elle ouvre la fenêtre, se penche sous chaque table pour vérifier que les casiers sont bien rangés. Un chewing-gum est déjà collé sous le bureau d'Aïcem. Et Élias a caché plusieurs Playmobil. Elle se sent comme une mère qui visiterait la chambre vide de ses enfants partis en classe verte. Une petite larme lui pique l'œil quand elle ramasse la gomme en forme de citron jaune qui a roulé près de la poubelle. Tandis qu'elle range la mignonne petite fourniture dans le casier d'Anne-Benta, on toque à la porte.

– Alors, Claude-Yollande, cette rentrée ? Est-ce que tout va bien ? lui demande la directrice en lui tendant un paquet-cadeau.

– C'est pour moi ? s'extasie Claude-Yollande.

– Absolument, mais laissez, vous l'ouvrirez plus tard. Je tiens à ce que chacun de mes enseignants emporte un peu de sa classe à la maison. C'est un clin d'œil, comme on dit. Sachez par ailleurs qu'on va organiser un pot entre nous, d'ici un mois, si on trouve une date qui convient à tous. Généralement, nous nous rendons ensemble au bistrot du coin et nous buvons un chocolat jusqu'à au moins 19 heures ! Allez, je continue ma tournée en allant voir Mme Desquerre !

Et la directrice tourne les talons. Claude-Yollande est d'abord dubitative. La directrice, d'habitude si pète-sec, lui tend-elle un piège ? Mais le ruban du paquet-cadeau, avec ses boucles dorées étincelantes, la rassure aussitôt. Elle ne doit pas voir le mal partout, lui dirait Papo, et elle se bouche les oreilles pour ne pas entendre ce que Mamette ajouterait. Elle sent que dans cette école elle a trouvé une sorte de seconde famille. Impatiente, elle déballe le paquet et en retire un adorable cadre décoré de perles noires et de

pâtes crues. C'est le modèle classique de travaux manuels que les enfants rapportent à la maison pour les fêtes. À l'intérieur, la photo de la directrice avec un chapeau pointu et un nez rouge. Un Post-it est collé dessus : « Pas de raison *kyè kles* parents qu'en aient ! »

Médusée, Claude-Yollande ne sait pas trop ce qu'elle doit penser de ce présent. Cette directrice dont elle avait si peur est capable de faire l'andouille... « Bon, même si ces fautes d'orthographe sont un peu limites, Mme la directrice a bien le droit d'être un peu fofolle, elle aussi ! » pense la jeune maîtresse.

Elle range ses affaires et boucle son cartable, heureuse de retrouver le *clac* de fermeture qu'elle entendait déjà, enfant. « Le cartable de papa ! »

Il le lui a donné pour sa première rentrée en tant qu'institutrice. Bien sûr, elle aurait préféré un cartable plus moderne, peut-être moins marron, mais comme dit sa mère, « la tradition a aussi du bon ». Elle éteint la lumière, referme la porte de sa classe, et s'apprête à descendre l'escalier pour partir, quand M. Rajaonarimampianina la rejoint.

– On se prend un petit *kawa* au troquet du coin de la rue, ça vous dit, Cloyande ?

– Oui, avec plaisir, Soja, répond-elle en baissant timidement les yeux.

Et là, elle se rend compte de deux choses. La première, c'est qu'elle a tenu la tête très haut toute la journée et souffre énormément du cou. La seconde, c'est, sur l'avant de sa jupe, une flaque vert, blanc, marron clair et marron chocolat, posée comme sur une toile de Pollock, le peintre abstrait : un énorme caca de pigeon.

De la même autrice :

*Découvrez Zoreille,
une chienne intense à la bêtise si profonde
qu'on dirait une philosophie.*

Qui a quatre pattes, une vingtaine d'adoptions ratées à son actif, deux grandes oreilles à l'ouïe sélective, un cœur immense et un Q.I. de haricot vert ? Zoreille ! Une petite chienne dont la devise pourrait être « Sois belle et aboie ! ». Mais elle a bien d'autres choses à penser, comme : les vers de terre ramperaient-ils s'ils étaient des oiseaux ? Poète, rêveuse, philosophe, drôle... adoptez-la, et vous verrez !

Conception graphique : Delphine Guéchot

Ce livre est imprimé sur du papier issu de forêts
gérées durablement et de sources contrôlées.

Imprimé en France par Normandie roto Impression s.a.s.
ISBN : 978-2-226-47874-0
Numéro d'édition : 25201-01
Dépôt légal : septembre 2024
N° d'impression: 2402792